La Jaula de los Diferentes

Una historia fraternal

Por Benjamín Valdivia   Ilustraciones de Andrea K. Gabriel

Para realizar pedidos de este libro, contacte con:
Xlibris
1-844-714-8691
www.Xlibris.com
Orders@Xlibris.com

ISBN: Tapa Dura 978-1-4415-5960-9
Tapa Blanda 978-1-4771-1716-3

Numero de la Libreria del Congreso: 2009903452

Información de la imprenta disponible en la última página.

Fecha de revisión: 04/15/2024

A Carla y Alex
A Hilda

Alex tiene ocho años. Vive en California. Por el cielo observa los aviones, con largas colas de humo.

Desde su ventana, ve pasar los autobuses y los coches. Por las banquetas, la gente sale a trabajar o a pasear. Cada uno avanza a su propia velocidad: si la gente fuera tan veloz como los aviones, volaría; cuando los aviones se mueven con poca velocidad, ruedan igual que los autobuses.

Alex observa también que hay muchos tipos de gente. Su abuelo es anciano. Su papá es un hombre alto. Y él es un niño con mucha imaginación.

En su escuela hay niños muy diferentes a él. Unos tienen los ojos de color verde; y otros de color negro, azul o café. Algunos de sus compañeros son altos; otros son delgados o más fuertes, o prefieren colorear en vez de saltar o correr. Los nombres de todos ellos son diferentes, aunque algunos son parecidos. Iguales o diferentes, Alex no le da importancia a eso, pues todos son sus amigos, a pesar de que tengan el pelo lacio, rizado, ondulado o como sea. Todos son sus amigos, todos tienen una sonrisa abierta y juegan y son parte de su vida. En eso todos son iguales a Alex.

Alex tiene una hermana. Su nombre es Carla. Alex observa que todas las personas son diferentes. Sus amigos son diferentes. Y Carla es diferente. Sin embargo, todos tienen una sonrisa amplia y son parte de su vida.

Alex veía crecer a Carla. Y observaba que Carla se movía con otra velocidad; y aprendía las cosas con otra velocidad. "Pues sí–pensó Alex–cada uno de nosotros tiene su propia velocidad, igual que los aviones y los autobuses."

Aunque tardó más tiempo que otros bebés, Carla, con la ayuda de Alex, logró gatear. Eso la hizo sentirse más segura y, así, otro día, luego de unos meses, Carla dió su primer paso. No importa la rapidez sino el esfuerzo. Pero, veloces o lentos, todos merecen amor. Eso pensó Alex.

Llegó el tiempo de ir a la escuela. Todos los niños y niñas corrían y saltaban, hacían rondas y se perseguían. Como Carla no se movía con tanta velocidad como los demás, comenzaron a separarla.

–Que se siente allá, dijeron.

Y allí la sentaban siempre, todos los días. En vez de ayudarla, la separaban en los juegos y no la juntaban.

–Que se siente allá, decían.

Y, para que no le pegaran al correr, la maestra le puso una jaula.

¡Pobre Carla! Separada de todos, tan triste y sin compañeros que platicaran con ella o compartieran sus juegos. Todo porque se movía con menos velocidad; por ser diferente.

"Pero si todos somos diferentes", pensó Alex. Y recordó que unos viajan en avión y otros a pie; que algunos son ancianos, como su abuelo, y otros niños, como él; algunos tienen los ojos claros y otros oscuros. Pero todos somos humanos; todos necesitamos a los demás. Y, desde luego, los demás necesitan de nosotros. ¿Por qué mantener a Carla separada?

–Que se siente allá, dijo un niño.

–¿Por qué se debe sentar allá?, le preguntó Alex.

–Porque es diferente, respondió el niño.

–Entonces, tú también debes sentarte allí con ella, porque no tienes los ojos oscuros como Juanita, ni tienes el pelo rubio como Karen, ni eres simpático como Memo.

El niño se sorprendió de la respuesta de Alex: era cierto. Ese niño era diferente a los demás, así que debería reunirse con Carla, que también era diferente. Y lo mismo Juanita. Y Karen. Y Memo. Y los aviones y los autobuses, que no son humanos. Y la maestra, que no es niña. Y Alex también, que no era ni avión ni maestra ni Carla ni Memo ni Juanita. Todos los que estaban escuchando se fueron acercando a Carla, se fueron metiendo en la jaulita de Carla, la jaula de los diferentes (pues todos eran diferentes).

Pronto ya no cupieron más niños en la jaula. La maestra creyó que estaban importunando a Carla. Pero nunca había sido ella tan feliz. Todos estaban allí, con ella, en la jaula: todos eran diferentes.

-¿Qué está sucediendo aquí?, preguntó la maestra.

Y Alex le explicó también a ella todo lo que les había dicho a sus compañeros. Y luego invitó a la maestra a entrar a la jaula de Carla. La maestra compredió que era mejor quitar la jaula, así todas las personas y las cosas del mundo estarían junto a Carla. Todo era diferente.

Alex, junto con sus papás y la maestra, conversaron con el director de la escuela. Todos decidieron que Carla fuera incluida en las actividades de su grupo, con todos sus compañeros. Y así Carla pudo jugar, escribir, dibujar y hacer todo lo que hacen los niños incluidos en la escuela.

"Si incluimos a Carla en nuestros juegos, si la juntamos en nuestras tareas, ella aprenderá más y nosotros aprenderemos mejor", dijeron todos los niños de la escuela.

Alex sabe que todas las personas son especiales, todas diferentes, y todas merecen amistad.

Carla es feliz ahora. Sus compañeros la quieren mucho. Son amigos verdaderos que se preocupan por ella y comparten todo.

La inclusión de Carla en su grupo la ha animado a intentar nuevas cosas. Es mucho lo que ha logrado.

Carla hoy caminó sola hasta la escuela por primera vez. Dos compañeros fueron junto a ella.

Alex está muy contento y sabe que para Carla empieza la vida a ser más alegre. Y más libre.

BENJAMIN VALDIVIA nació en Aguascalientes, México, en 1960. Es Miembro correspondiente de la Academia Mexicana de la Lengua y de la Academia Norteamericana de la Lengua Española. Cuenta con estudios de doctorado en Filosofía (UNAM), en Educación (UG) y en Humanidades y Artes (UAZ). Se han publicado obras suyas en los géneros de poesía, novela, cuento, teatro, ensayo y traducciones (del inglés, francés, portugués, italiano, alemán y latín) en diversos medios mexicanos y extranjeros. Ha recibido diversos reconocimientos internacionales y nacionales. Es profesor en la Universidad de Guanajuato y ha desempeñado labores en universidades de Canadá, Estados Unidos y España. Fué durante su cátedra en una universidad de Estados Unidos (California State University at Long Beach) que él oyó la historia de la jaula.

www.valdivia.com.mx

ANDREA KREMPELS GABRIEL nació y creció en Long Beach, California, donde pronto pasó de colorear dentro de las líneas a dibujar sus propios libros para colorear. El arte permaneció como su actividad predilecta a través de toda su niñez y la escuela secundaria, donde diseñó la cubierta de dos anuarios y pintó escenografías para producciones teatrales.

Estudió y se graduó en la Licenciatura en Artes de la Universidad de California, en Santa Barbara, y continuó sus estudios en el Art Center College of Design en Pasadena, California, donde obtuvo la Licenciatura en Bellas Artes, en el área de Ilustración.

Ahora vive en Los Angeles, con su esposo Michael y su gran famila de gatitos, donde combina su trabajo de maestra de Arte y la creación de sus propias pinturas y esculturas para futuras exposiciones.

Printed in the United States
by Baker & Taylor Publisher Services